엄마의 감사

도서출판 훈훈은 '작은 목소리를 줍는' 출판사입니다. 크고 거창한 이야기가 아니라 작지만 단단하고 따뜻한 이야기를 발굴하고 유통합니다. 그 이야기들을 통해 존재와 존재가 연결되는 세상을 꿈꿉니다.

엄마의 감사

엄마가 남기고 간,
사소하면서도
소중한 감사의 흔적들

엄마 김영희가 쓰고,
아들 소재웅이 엮음.

Prologue

엄마가 하늘나라로 떠난 지도 1년 가까운 시간이 흘렀다. 엄마 소식을 듣고 급하게 병원으로 달려갔던 날, '우리 가족이, 앞으로 살아갈 수 있을까' 싶었다. 그리고, 우리 가족은 지난 1년을 살아냈다.

지난 1년, 슬프기도 했고, 분노하기도 했고, 허망하기도 했고, 억울하기도 했고, 가슴 한 구석이 저며오기도 했다. (솔직히 말해, 난 단 한 순간도 엄마를 잊은 적 없다.) 그러나 그게 전부는 아니었다. 감사하게도, 일상 속 소소한 행복과 기쁨은 계속해서 이어졌고, 그렇게 1년의 시간이 지나갔다. 무엇보다 소중한 건, 남겨진 가족 간의 사랑이 더욱 끈끈하고 단단해졌다는 것이고, 다른 사람의 슬픔을 좀 더 깊이 들여다보고 이해할 수 있게 됐다는 것이다.

작년 6월말, 장례를 마치고 조문객들께 〈나의 아름다운 엄마, 김영희〉를 답례품으로 보내드렸다. 이 책은 나와 엄마 사이에 벌어졌던 에피소드를 토대로 구성한, '엄마 김영희를 향한 아들 소재웅의 시선'을 담은 책이었다. 엄마의 마지막은, 엄마에게도 가족에게도 그리고 엄마를 아끼는 사람들 모두에게 크고 깊은 아픔이었지만, 엄마의 삶 전체를 바라보았을 때 엄마의 삶은 아름다웠고, 엄마는 내게 '아름다운 엄마'였다는 것을 전달하고 싶었다. 감사하게도, 〈나의 아름다운 엄마, 김영희〉를 읽은 분들은 따뜻한 반응을 보여주었다.

그리고 엄마의 첫 번째 기일을 준비하며, 다시 한 번 엄마의 흔적을 담고 싶었다. 엄마를 그리워하는 분들에게는 엄마의 흔적을 선물하고 싶었고, 그 흔적을 통해 다시 한 번 엄마를 기억하며 1년 간 밀려온 엄마에 대한 그리움을 있는 그대로 표현하고 싶었다.

다행히 엄마의 흔적이 군데군데 남아 있었는데, 그중 하나가 바로 '엄마의 감사'였다. 2020년 10월경, 엄마는 교회 소그룹 리더 식구들과 함께 매일 '감사 일기'를 쓰셨다. 당시 엄마가 쓰셨던 감사 일기는 30개가 조금 안 된다. 몇 개 되지 않은 그 감사 일기는 그리 거창하거나 대단한 얘기가 아니다. 그러나 그것이 소중했던 두 가지 이유가 있다.

첫 번째 이유는, 그것이 엄마의 사실상 마지막 글이기 때문이다. 감사 일기에도 조금씩 묻어나지만, 감사일기가 끝나는 시점이 얼마 지나지 않아 엄마는 우울증으로 힘들어하기 시작했다. 우울증을 겪는 모든 사람을 본 것은 아니지만, 적어도 나의 엄마는 우울증이 오시며 글을 쓰는 걸 어려워했다. 그 쉬운 카톡 메시지도 엄마에게는 '너무나 버거운 일'이 되었다. 우울증이 온 뒤에도 아주 가끔 카톡을 쓰곤 했지만, 엄마가 그래도 꾸준히 썼던 글은 이 감사 일기가 마지막이라는 생각이 들었다. 그래서 이 '감사일기'는 아들인 내게 소중한 유언처럼 와 닿았다. "재웅아, 세상에 이렇게 감사할 거리가 많이 있다. 너도 감사하며 살아봐"라고 건네는 엄마의 권면이랄까.

두 번째 이유는, '엄마의 감사'에는 '김영희라는 존재'가 그대로 담겨 있기 때문이다. 엄마의 감사에는, 엄마가 살아가면서 소중히 여겼던 세 가지 핵심 가치가 지속적으로 등장한다. 먼저, '사랑할 수 있다는 사실'에 대한 감사. 엄마는 엄마 곁에 존재하는 누군가를 즐거워하고, 그 존재로 인해 감사하는 사람이었다. 두 번째로 '사랑받을 수 있음'에 대한 감사. 엄마 곁의 존재에게 조건 없는 사랑을 받을 때 엄마는 행복해했다. 마지막으로 '교회와 예배'를 향한 감사. 엄마는 교회를 '무진장' 사랑했고, 교회에서 드리는 예배와 교회를 통해 맺어진 관계들을 사랑하는 사람이었다.

지난 1년, 엄마의 부재로 인해 수많은 분들이 가슴 아파하고 눈물을 흘리지 않았을까. 엄마는 존재감 없이 회색처럼 살아가는 사람이 아니라, 자신이 존재하는 곳에서 최선을 다해 사랑하고 마음을 표현하는 사람이었다. 그래서 엄마로부터 사랑을 경험한 모든 사람들은 엄마의 부재로 인해서 가슴 아파하며 엄마를 그리워했을 거 같다.

나의 솔직한 마음은, 엄마를 그리워하는 모든 분들을 초청해서 엄마의 첫 기일을 어떤 식으로든 의미 있게 보내는 것이었다. 그러나 그보단 오히려 이렇게 엄마의 흔적을 담아 나누고, 또 함께 자신이 있는 그 자리에서 엄마를 추억하고, 엄마가 남긴 소중한 '감사의 흔적'을 통해 우리 역시 그러한 삶을 살아가보자고 말씀드리는 게 좋을 거 같다는 판단을 했다.

이 책 〈엄마의 감사〉는, 아들 소재웅이 엄마를 사랑하는 분들에게 보내는 편지 같은 것이다. "저도 엄마 많이 보고 싶고, 때론 마음이 사무쳐요. 그 마음을 굳이 부인하지도 말고, 또 굳이 억누르지도 말고 앞으로도 그리워하며 살면 어떨까요. 대신 엄마가 남기고 간 사랑의 흔적들, 감사의 흔적들을 우리 역시 삶으로 살아내보아요"라며 조심스럽게 건네는 편지.

이 책이 하늘에 계신 엄마에게 기쁨이 되면 좋겠다.
이 책이 엄마를 아끼는 모든 분들에게 위로가 되면 좋겠다.
이 책이 우리를 '감사하고 자족하며 살아가는 삶'으로 안내하면 좋겠다.

그리고, 천국에서 엄마를 다시 볼 그 날을 꿈꿔본다.
나의 좋은 친구였고
누구가의 좋은 친구였을,
나의 좋은 엄마였고
누군가의 좋은 엄마였을,
나의 좋은 멘토였고
누군가의 좋은 멘토였을,
나의 아름다운 엄마 김영희.

엄마를 다시 볼 그 날을.

아들 소재웅

엄마는 감사하며 살아갔다.
그것들은 소소하지만 소중한 감사였다.

감사 스물여덟 조각들

Prologue		5
Day 1	엄마의 감사가 시작된 날	16
Day 2	첫 손주와 함께한 등굣길	20
Day 3	가을 하늘빛 아래 단팥빵	24
Day 4	사랑하는 자의 형통함으로 인한 감사.	28
Day 5	1만 원짜리 바지 두 개와 예쁜 런닝화	32
Day 6	예쁜 국화꽃	36
Day 7	우리집	40
Day 8	콩나물 비빔밥	44
Day 9	제주도 감귤 한 박스	48
Day 10	너그러운 남편	52
Day 11	어느 부모나 그렇듯,	56
Day 12	팥죽 한 그릇	60
Day 13	갈비탕	64
Day 14	또 하나의 카페	68

Day 15	까마귀들의 아침 식사	72
Day 16	쑥떡	76
Day 17	무야 미안해, 그리고 고마워	80
Day 18	고향집 막내 오빠와 올케	84
Day 19	시원한 동치미	88
Day 20	톳과 꼬시래기, 그리고 다시마	92
Day 21	친구들 만나러 간 날.	96
Day 22	남편의 사랑을 진하게 느낀 날	100
Day 23	고기 한 조각, 계란, 그리고 야채	104
Day 24	우리 고모 사랑해 화이띵!!!!	108
Day 25	지혜로운 며느리.	112
Day 26	어슴푸레 살짝 어두운 새벽길	116
Day 27	사돈댁에서 보내온 절인 배추	120
Day 28	"우리 할머니 기분 나쁜 병에 걸렸어요"	124
Epilogue		129

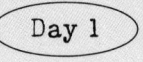

2020. 10. 25

엄마의 감사가 시작된 날

1.
어제 어느 권사님이 자신이 쓰고 있는 감사 일기를 보내주었다. 나도 곧 시작하리라 다짐했다. 하나님께서 나로 하여금 이렇게 오늘 감사 일기를 시작하게 하시니 감사하다.

2.
오늘 하루 듣고 읽은 말씀이 모두 내게 레마의 말씀이 되게 하시니 감사하다.

3.
오랜만에 딸집에 와서 아이들과 웃고 떠드니 감사하다.

주님, 감사합니다.

엄마의 감사가 시작된 날이다.
2020년 10월 25일의 엄마가 이제 내게 아득하기만 하다.

엄마는 이 감사 일기를 시작하며 무슨 생각을 했을까.

엄마는 말하는 느낌과 글쓰는 느낌이 꽤 다른 사람이었는데,
말은 유쾌하게 잘 하지만, 글은 무언가 늘 진지했다.

그래서 난 위에서 던진 엄마의 고백이 절절하게 와닿는다.
엄마의 고백이 진심이었으리라 믿는다.

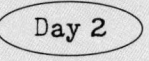

2020. 10. 26

첫 손주와 함께한 등굣길

1.
온라인으로 새벽예배 드리며 나의 마음이 주님으로 채워지니 참 감사하다.

2.
재준이와 등교 길을 걸었다. 학교 가는 아이들의 떠들썩한 모습이 보인다. 아이들의 생기 있는 모습을 볼 수 있어 감사하다.

3.
재민이가 평소 갖고 싶어 하던 책을 사주었다. 사줄 수 있음에 감사하다.

4.
아들 가정이 장기 전세 아파트에 당첨되었다. 소박하지만 아들 가정에게는 소중한 터전이다. 아들에게 소중한 터전을 주시니 감사하다.

5.
러닝머신을 타고 땀을 흠뻑 흘리니 후련하다. 이 또한 감사하다.

6.
고난 속에 있었던 한 권사님과 깊은 영적 교제를 나누었다.
권사님과의 교제를 통해 영적 육적 지혜를 깨닫게 하시니
감사하다.

주님, 감사합니다.

누나의 두 아들 재준 재민이와의 소소한 추억이 담겨 있다.

재준이와 함께 등굣길을 걸었을 엄마를 상상해본다.
재민이가 흡족한 표정으로 책을 고르자 뿌듯했을 엄마를
상상해본다.

아들의 아파트 당첨에 안도했을 엄마를 상상해본다.

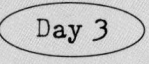

2020. 10. 27

가을 하늘빛 아래 단팥빵

1.
동탄 호수공원을 산책했다. 우리나라 곳곳에 아름다운 곳이 참 많다.

2.
단팥빵을 먹으며 가을 하늘빛을 온몸으로 맞으니 감사하다.

3.
아프셨던 사돈께서 많이 회복되셨다. 초대까지 해주셔서 식사할 수 있으니 감사하다.

4.
식사 전 양가 부모님을 축복하며 재은이가 기도했다. 기도하는 딸이 시댁에 복 된 존재가 되어 감사하다.

5.
내 육체 속에 있는 연약함과 씨름하고 있는 중이다. 주님이 숨겨놓으신 천사들을 통해 나를 얼마나 사랑하시는지 확증해주신다.

주님, 감사합니다.

이 맘 때쯤, 엄마는 엄마의 마음이 예전 같지 않다는 걸 느끼고 있었던 거 같다. 실제로 이 당시 엄마는 "마음이 가라앉는 거 같다"는 말을 하시곤 했다. 그럼에도 불구하고 엄마 삶에는 '단팥빵'과 '가을 하늘 빛' 같은 소소한 행복이 존재했다.

사실 우리들의 삶에는 그렇게 많은 것이 필요한 거 같지 않다. 단팥빵 하나와 가을 하늘 빛 하나면 행복할 수 있는 삶인데 말이다.

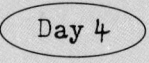

2020. 10. 28

사랑하는 자의 형통함으로 인한 감사

1.
멀리 와 있지만 내 마음속에 있는 홍익교회 새벽예배를 드리며 하루를 시작하게 하셔서 감사하다.

2.
시원한 명탯국, 계란찜 만들었더니 딸 식구가 모두 맛나게 먹는다. 맛있게 먹어주니 감사하다.

3.
딸과 함께 안사돈과 예쁜 전원 카페에서 힐링의 시간을 보낼 수 있어 감사하다.

4.
홍익교회에서 함께하다 이곳으로 이사 온 집사님을 만났다. 경제적으로 너무나 힘든 시간을 통과했지만, 지금은 영적 육적으로 형통한 삶을 살아가는 모습을 보니 감사하다.

5.
누워서 이런저런 감사의 고백과 찬양을 부르니 손자 재민이가 "할머니 이상한 래퍼가 된 것 아니냐"고 한다. 한바탕 웃었다.

주님, 감사합니다.

엄마는 당시 며칠 정도 누나 집에서 머물며 손자들과 행복한 시간을 보냈다.

글에도 드러나는 것처럼, 엄마는 교회를 마음에 담고 살아가는 사람이었고, 자신의 음식으로 대접할 수 있을 때 행복해하는 사람이었다.

그리고 엄마는 오랜 기간 교회 생활을 함께한 분의 삶이 회복되었음에 행복했던 거 같다. 엄마는 늘 아끼는 동역자의 희로애락을 깊이 공감했다. 그가 잘 되어야, '나의 잘 됨을 비로소 안도하며 즐길 수 있는 사람'이었다.

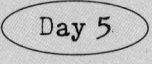

2020. 10. 29

1만 원짜리 바지 두 개와 예쁜 런닝화

1.
새벽 기도 말씀 전하시는 목사님 전도사님들이 더 귀하게 여겨져 감사하다.

2.
며칠 동안 머물렀던 딸네서 돌아올 때 "자주 자주 놀러오세요" 하며 안아주는 손자 재준이 때문에 감사하다.

3.
딸네서 돌아오는 길, 남대문시장 들러 1만 원짜리 바지 두 개와 예쁜 런닝화 사고 나니 차오르는 만족스러운 마음에 감사하다.

4.
베란다 꽃들이 물을 먹고 싶었다고, 물고기들이 배가 고팠다고 기다렸던 것 같아 물도 주고 밥도 주니 감사하다.

5.
며칠 만에 남편과 함께 따뜻한 잠자리를 펴니 남편은 코를 골며 잠들었다. 어느 권사님께서 주신 콩을 까고 있는 이 시간에 감사하다.

주님, 감사합니다.

누나 네서 돌아온 엄마는 손자 재준이의 한 마디에 행복했던 거 같다.

엄마는 남대문 시장에 들러 좋은 가격에 양질의 옷을 고르는 재주가 있는 사람이었다. 이때도 누나 네서 돌아오는 길에 남대문 시장에 들러 마음에 드는 옷과 신발을 고르며 행복해했을 엄마를 상상해본다.

그리고 집에 돌아와 꽃들과 물고기의 주린 배를 채워주지 않았을까.

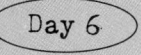

2020. 10. 31

예쁜 국화꽃

1.
언니를 배웅하며, 모든 궂은일 기쁜 일을 함께 겪어내며 함께했던 시댁과 친정의 가족들이 소중하게 느껴지게 하심에 감사하다.

2.
늘 걷던 아파트 산책길이었는데 며칠 전과 다른 풍경, 다른 마음을 새롭게 주심에 감사하다.

3.
운전하지 못하기에 걸어 다니는 것이 운동이 되어 감사하다.

4.
윗집 아저씨가 화분에 꽃 심는 것을 알려 달라고 하신다. 능숙한 솜씨로 예쁜 국화꽃 심어드릴 수 있으니 감사하다.

5.
우리집 가까이에 홀로 살아가는 과부 권사님들이 살아가는 모습을 가까이 보며 그들을 위로해주려는 마음, 그들의 삶에 공감하고자 하는 마음이 생긴다. 이러한 마음을 담아주시니 감사하다.

6.
터키 최상명 선교사님께서 보내신 절절한 사연들을 위해 기도하였다. 그 기도를 들으신 주님께서 하늘 문을 여셨음을 믿고 감사를 올려드린다.

주님, 감사합니다.

윗집 아저씨의 요청에 손수 시범을 보인 엄마는 꽃을 사랑하는 사람이었다. 그래서, 지금은 차갑게 시든 엄마집 꽃들을 볼 때면 가슴이 시려온다. 엄마의 부재를 '시든 꽃'으로 확인하는 기분이랄까.

먼 땅에서 선교하는 선교사님들을 위한 엄마의 기도는 진심이었으리라 믿는다. 엄마는 늘, 타지에서 고생하며 복음을 전하는 선교사님들을 긍휼의 마음으로 바라보았다.

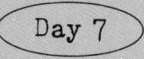

2020. 11. 1

우리집

1.
제주도에 가는 바람에 함께 예배드리지 못하는 남편이, 그곳에서 예배자의 정체성 잃지 않을 것을 믿고 감사드린다.

2.
너무 오랜만에 조혜숙 권사님과 함께 옆에 앉아 예배드릴 수 있어 감사하다.

3.
교회 로비에서 영적가족들의 안부를 묻고 얼굴을 대면할 수 있어서 감사하다.

4.
내일 우리집에서 드릴 목장예배를 기대하며, 우리집이 예배의 제단으로 쓰임 받는 장막이 되어서 감사하다.

5.
오늘 저녁부터 시작되는 다니엘기도회가 너무 사모되고 기다려진다. 수많은 교회들과 성도들이 목마름으로 주님의 은혜를 갈망하고 있음에 더욱 감사하다.

6.
내 육체의 연약함이 다니엘기도회를 통해 강건해질 것을 믿고, 감사드린다.

주님, 감사합니다.

우리집은 교회 분들에게 마실 역할을 톡톡히 했다.
집도 넓은 편이었고, 사람 좋아하는 엄마의 성향이 한 몫 했다.

그래서 엄마가 세상을 떠난 후,
엄마의 친구들은 '텅 빈 우리집'이 얼마나 아쉽고 아팠을까 싶다.

그 집은 우리집이지만, 엄밀히 말해 '엄마 집'이다.
모든 곳에 엄마의 흔적이, 여전히 가득하다.

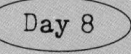

2020. 11. 2

콩나물 비빔밥

1.
아침 일찍 목장 예배를 드리고, 점심 식탁을 나눌 콩나물 비빔밥을 준비하게 하셔서 감사하다.

2.
코로나 상황에도 사모하는 영혼들을 보내주셔서 예배드리게 하심에 감사하다.

3.
목장 식구들과 이야기를 나누며, 서로를 위로하고 사랑하는 마음이 진하게 느껴지니 감사하다.

4.
사랑하는 아들가족과 식탁을 나누며 그동안의 이야기 나누게 하셔서 감사하다.

5.
손녀들이 아웅다웅 싸우기도 하고, 노래도 부르며 노는 모습에 생기가 있어 감사하다.

6.
사모하며 달려간 다니엘기도회를 통해 영적으로 정지됐던 곳곳이 움직이게 하셔서 감사하다.

7.
따뜻한 장막에 들려오는 남편의 코고는 소리에 오늘도 호흡할 수 있었고 주님께서 생명을 지켜주셨음을 느낀다.

주님, 감사합니다.

코로나가 오고 난 후 목장 모임이 예전 같지 않아서 엄마는 무척 속상해하셨다. 아마도 오랜만에 드린 목장 모임이 행복하셨던 거 같다.

식탁에 콩나물 비빔밥을 차려놓고 목장 식구들과 이야기 나누는 엄마를 상상해본다.

내가 아는, 가장 엄마다운 모습이다.

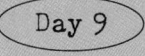

2020. 11. 3

제주도 감귤 한 박스

1.
다른 때 같으면 일어날 수 없는 컨디션이었는데, 쌀쌀한 늦가을의 바람을 맞으며 새벽기도 갈 수 있는 힘 주셔서 감사하다.

2.
오늘 새벽은 유난히도, 이런저런 추억이 서려있는 성전이 더 귀하게 여겨져 감사하다.

3.
나는 연약하기에 강하신 주님으로 채워가려는 갈망을 주셔서 감사하다.

4.
진료해주는 한의원 의사가 친절하고 자상하여 푸근하게 느껴지니 감사하다.

5.
남편이 저녁식사 하고 온다기에 혼자 갈치 조림해서 먹었다. 요리할 수 있고, 냉장고에 식재료가 풍성해서 감사하다.

6.
로비에서 사모님, 권사님들과 우리가 받은 은혜를 나누고 우리의 부끄러움을 고백하게 하셔서 감사하다.

7.
집에 도착하니 단감 한 박스, 제주도 감귤 한 박스 택배가 와 있다. 나누어 먹을 수 있는 넉넉한 먹거리를 주셔서 감사하다.

주님, 감사합니다.

엄마는 먹거리를 나눌 때 행복해하는 사람이었다.

먹거리를 누군가에게 아낌없이 주고 나니 또 다른 누군가를 통해 엄마의 먹거리가 채워짐을 경험했다는, 그러한 간증이 엄마에게는 넘쳐났다.

제주도 감귤 한 박스를 보며 엄마는 떠올렸을 거다.
이건 누구에게 나누어 주면 좋을까…

Day 10

2020. 11. 4

너그러운 남편

1.
친구 집에서 가져다 기르는 구피가 자세히 들여다보지 않은 사이에 생명을 탄생시켰다. 작은 생명체에 하나님의 섭리와 예정이 있음이 신기하고, 키우는 재미를 주심에 감사하다.

2.
고등학교 내내 직장 생활 할 때 함께 살았던 큰 올케가 자주 안부하며 위로해주어서 너무나 감사하다.

3.
동네 부근 전원 숲속에 있는 주변 단풍을 경숙 권사님과 바라보고 찬양하며 기도했다. 주님이 내게 저녁기도회를 사모하게 하니 감사하다.

4.
직장에서 돌아온 남편의 밥시간이 늦어져 미안했지만 언제나 그렇듯 재촉하거나 불평하지 않는 너그러운 남편이어서 감사하다.

5.
우리 집에 들렀던 권사님과 나누었던 대화 속에 부정적인 생각과 내 의로움이 섞여 있었음을 깨닫고 회개하며, 속지

않으시는 주님께 용서를 구한다. 용서를 구하는 마음을 주시니 감사하다.

6.
기도회 끝나고 돌아오는 길 두 권사님으로부터 너무 오랜만에 깊은 은혜의 눈물을 흘렸다는 고백을 들으며, '다니엘 기도회'를 통해 부어주시는 은혜에 감사 감사 감사하다.

주님, 감사합니다.

엄마의 성실한 신앙생활에는 아버지의 외조가 큰 역할을 했다. 엄마가 전력을 다해 교회를 섬길 수 있었던 바탕을 만들어준 게 아버지의 외조였던 셈이다. 아버지는 엄마의 뜨거운 교회 생활을 충분히 존중해주시는 편이었다.
그리고 엄마의 표현처럼, 아버지는 '너그러운 남편'이었다.

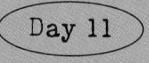

2020. 11. 5

어느 부모나 그렇듯,

1.
다른 때보다 좋은 컨디션을 주셔서 약식도 만들고 수육도 삶아 나눌 수 있게 하시니 감사하다.

2.
공동체는 다르지만 진실한 믿음의 동지를 만나게 하셔서 감사하다.

3.
오늘밤 기도회를 통해 자녀를 위한 눈물의 기도를 회복시켜주셔서 감사하다.

4.
자녀들의 삶속에 하나님이 주인공 되시는 스토리가 풍성해질 것을 믿고 감사드린다.

5.
자녀들에게 때를 따라 필요한 순간 주님의 지혜를 주실 것을 믿고 감사드린다.

주님, 감사합니다.

어느 부모나 그렇듯,
엄마도 자녀 걱정에 싸여 살아가는 사람이었다.

걱정이 '기도'로 연결되었음을
엄마의 감사를 통해 발견하게 된다.

누군가 진심으로 나를 위해 기도하고 있다는 사실은,
살아갈 수 있는 원동력이 된다.

그 원동력이 사라진 거 같아
때로는 서글프기도 하다.

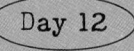

2020. 11. 6

팥죽 한 그릇

1.
긴장하고 찾아간 세브란스 병원이었지만 목사님의 귀한 딸 다혜 집사가 친절하고 다정다감하게 진료해 주었다. 너무도 감사하다.

2.
목사님 가정의 자녀가 축복의 통로로 아름답게 사용되고 있음을 현장에 바라보니 더욱 감사하다.

3.
진료를 끝내고 근처에서 팥죽 한 그릇 사먹었다(맛은 없었지만). 오늘 이곳에 와서 이런 점심 먹을 줄 전혀 예상치 못했음을 생각하며 "내일 일은 난 몰라요 하루하루 살아요" 찬양 가사가 생각나게 하심에 감사하다.

4.
갈 때는 잘 보지 않고 갔는데 오는 길 한강변의 만추가 얼마나 아름답던지… 아름다운 눈과 마음이면 어느 곳에서든 주님의 아름다움을 노래할 수 있음에 감사하다.

5.
행신동에 도착하여 집 근처에 오니 내 장막이 있고 예배드릴 수 있는 내 교회가 있고 내 인생의 발자취가 베어 있는

이 동네가 있음에 감사하다. 이곳이 얼마나 귀하게 느껴지는지…

6.
'다니엘 기도회'를 마치고 로비에서 병원 다녀온 이야기를 나누고 있을 때 목사님께 꼭 안아주시던 그 품이 주님의 품으로 느껴진다. 그 따스함에 감사하다.

7.
집에 돌아오니 젊은 직원들과 산행을 하고 돌아온 남편이 아내가 온 줄도 모르고 곤히 잠들어 있다. 젊은이들과 보조를 맞추며 산행하기 얼마나 버거웠을까 안쓰럽고, 지금껏 현장에서 일하고 있는 남편에게 감사하다.

주님, 감사합니다.

진료를 마치고 팥죽 한 그릇을 먹는 엄마를 떠올려본다. 홀로 진료를 마치고 먹는 식사는 홀가분하면서도 한편, 외로운 법이다. 당시 엄마는 마음이 조금씩 시들어가고 있다고 느끼고 있었다. 그러던 중, 목사님 가정의 자녀가 근무하는 있는 병원에서 받은 진료 덕분에 위로와 안도를 경험하셨던 거 같다.
그러나, 그 팥죽이 썩 맛있지는 않았던 거 같다.

Day 13

2020. 11. 7

갈비탕

1.
밤사이 지켜주시고, 주일 아침에 건강하게 일어날 수 있으니 감사하다.

2.
비록 주말에만 드리는 예배지만 이 소박한 예배를 받으시며 기뻐하실 주님께 감사하다.

3.
교회 가는 차 안에서 주님의 보혈을 뿌리며 오늘 주일 예배를 위해 중보기도 하게 하셔서 감사하다.

4.
코로나 후 처음 모이는 권사회가 낯설게 느껴져서 아쉽지만, 자주 모여 사랑의 교제도 나누고 끊겨진 사역도 다시 시작하게 될 줄 믿고 감사를 올려드린다.

5.
맛난 점심 사달라고 장난삼아 한 말에 흔쾌히 기쁨으로 갈비탕을 대접해주신 권사님께 감사하다. 영적 가족의 소중함을 느낀다.

6.
TV로만 보았던 오윤아 집사님의 믿음과 자녀를 향한 눈물겨운 사랑에 감동하였다. 믿음으로 하나님을 기쁘게 해드리는 귀한 딸을 응원한다.

7.
장성한 자폐아를 돌보느라 늘 지쳐있는 동생과 올케를 생각하니 쓰린 마음, 아픈 마음 이루 말할 수 없지만 주님께서 그들에게 각별한 은혜로 조카의 앞날을 인도해 갈 것이라 믿고 감사를 고백한다.

주님, 감사합니다.

엄마는 당시 갈비탕 한 그릇에 행복했나보다.

우울증이 오고 나서 입맛이 완전히 떠나버렸던 엄마는, "세상에서 밥 맛있게 먹는 사람이 제일 부럽다"는 말을 종종 했다. 엄마를 통해 나도 깨닫게 되었다. '밥맛이 있다는 것'이 얼마나 큰 은혜인지를…

Day 14

2020.11.8

또 하나의 카페

1.
우리 집에서 모일 영적 가족들이 따끈하게 마실 차를 준비하게 하셔서서 감사하다.

2.
남편에게 맡겨진 현장의 일들이 추워지는 날씨 속에 안전하게 진행되어지고 일하는 근로자들이 사고 없게 하실 것에 감사를 드린다.

3.
세월의 무게는 이길 수 없음을, 남편의 휑해진 머리와 뒷모습을 보며 느낀다. 남편을 향한 긍휼의 마음이 더해감에 감사하다.

4.
분위기 있는 카페는 아닐지라도 따스한 장판에 편하게 다리 뻗고 앉아 담소 나눌 수 있는 우리집이 또 하나의 카페가 되게 하시니 감사하다.

5.
컨디션이 좋지 않아 갈까 말까 망설이던 '다니엘 기도회'였으나 하나님께서는 확정 시켜주시는 말씀으로 나를 깨우쳐 주셨다. "너희가 내 안에 거하고 내 말이 너희 안에 거하

면 무엇이든지 원하는 대로 구하라 그리하면 이루리라."

6.
돌아오는 길 춥다고 집 앞까지 카풀해준 사랑스런 권사님께 감사하다.

주님, 감사합니다.

엄마의 감사 일기에는 '우리집이 사랑하는 동역자들의 카페 역할을 하고 있음'에 대한 감사의 흔적이 자주 등장한다. 엄마가 세상을 떠나신 후, 엄마가 아끼던 몇몇 권사님들을 집에 초청한 적이 있다.

오랜만에 우리집에 들어서는 권사님들의 표정을 보며, 우리집이 어떠한 역할을 해왔는지 알 수 있었다.

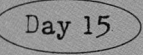

2020. 11. 11

까마귀들의 아침 식사

1.
아침 준비하다 창밖을 내다보니 단감나무에 까마귀들이 잔뜩 모여 단감으로 아침을 먹는다. 진풍경이다. 한 폭의 동양화 같아 눈과 마음에 정감스런 마음이 가득하게 해주시니 감사하다.

2.
내가 사는 곳이 2층이라 창문마다 보이는 자연의 숲이 늘 전원을 꿈꾸는 로망을 대체해준다.

3.
한 동네 사는 두 분 권사님과 생선구이 집에서 집 밥 같은 식사를 하며 입맛이 전보다 살아났다. 그리고 그들 삶의 이야기에 주님이 주인공 되게 하셔서 감사하다.

4.
빛이 너무 좋은 벤치에 앉아 담소를 나누는데 공원으로 놀이 나온 유치원 아이들의 모습이 어찌 사랑스러운지… 코로나 때문에 마음껏 뛰놀지 못했던 아가들이 자유로운 시간을 만끽하는 광경을 보니 감사하다.

5.
아들 가족과 오랜만에 밖에서 외식을 했다. 아가들과 함께 하는 식사라 정신없는 식탁이지만, 이런저런 그동안의 얘기를 들려주니 가족만이 누릴 수 있는 기쁨으로 감사하다.

6.
어제 오늘 선교사님들의 강력한 메시지를 들으며 하나님의 관심이 어디에 있는지 다시 깨닫게 하셔서 감사하다.

7.
나의 질고가, 나를 철저히 죽이시고 다시 부활하게 하시기를 원하시는 주님의 계획임을 믿는다. 얼마나 깊은 회개의 눈물을 흘려야 할지, 주님이 이끌어 주실 것을 믿고 감사를 고백한다.

주님, 감사합니다.

까마귀들의 아침 식사를 보며
흐뭇하게 지켜보는

엄마를 그려본다.

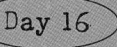

Day 16

2020. 11. 12

쑥떡

1.
오늘 하루를 선물로 주신 주님, 오늘 하루도 주님 것임을 믿고 살아가는 믿음을 주실 것을 믿고 감사드린다.

2.
러닝머신을 하며 성경도 듣고 보며 땀을 쭉 흘리고 나니 영육에 생기가 돋는 거 같아 감사하다.

3.
하원을 하고 엄마랑 찾아온 세 천사들(손녀들)의 떠들고 뛰노는 모습을 보며 '주님께서도 늘 나의 모습을 이렇게 바라보고 계시겠지' 생각해본다. 뭉클해지며 감사(두려운 마음이기도)하다.

4.
다니엘 기도회를 통해 저녁마다 은혜를 사모하는 영혼들과 예배드릴 수 있음에 감사하다.

5.
고난 속에서 하나님의 기적을 경험한 김예랑 성도님의 간증이 나의 간증이 될 것임을 믿고 감사드린다.

6.
기도회가 끝나고 "권사님을 위해 기도하고 있다" 하시며 어느 권사님께서 무언가 내 옆에 놓고 가셨다. 집에 와서 보니 내가 좋아하는 쑥떡이다. 주님께서도 "내가 너를 위해 기도하고 있다" 말씀하시며 당신의 사랑을 확증해주신다.

주님, 감사합니다.

기도를 마치고 나서 받은 쑥떡으로 인해 엄마 마음은 잠시 행복했을 것이다. 그러나 주님이 자신을 사랑하신다고 믿은 엄마의 삶은 그 후로 반년의 시간이 조금 더 흘러 멈춰버렸다. 적어도 겉으로 보기엔 그러하다.

그러나, 그 삶은 끝난 것이 아니라 믿는다.
엄마가 주고받은 사랑의 흔적은 이곳에 여전하니까.

Day 17

2020. 11. 14

무야 미안해, 그리고 고마워.

1.
남편과 함께 예배드릴 수 있어 감사하다. 창세기 말씀을 읽으며 열두 아들을 두었던 야곱의 인생이 얼마나 파란만장했을지, 바로 왕 앞에서 "험악한 세월을 보냈다"고 고백하는 야곱의 심정에 대해 남편과 나누었다.

2.
고구마, 계란, 그리고 과일주스로 구성된 심플한 아침식사. 나의 수고가 많이 들어가지 않아도 감사히 먹어주는 남편에게 감사하다.

3.
핸드폰만 들고 나만의 산책 코스를 잡아 벤치가 있는 곳에 앉은 채 창세기 일독을 마치고 출애굽기 10장까지 읽었다. 자연 속에서 말씀을 읽는 감동이 새롭게 느껴져서 감사하다.

4.
올해는 씨만 뿌려놓고 돌보지 않았던 주말 농장에 들려보니 하나님께서 돌보시고 가꾸신 무가 깍두기 한통은 담을 수 있을 만큼 자라 있다. 물도 주지 못하고 관심도 없었는데 무에게 미안하기도 하고, 또 감사하다.

5.
요양원에 계신 어머님 겨울옷과 필요한 것들을 챙겨 찾아갔지만 (코로나 시국이라) 창문으로만 대면했다. 좋아하시는 단팥빵 흔들며 "맛나게 먹을게 또 와" 하시는 모습에 울컥. 그래도 건강히 평안히 늘 명랑하게 계신 어머님을 돌보고 계신 주님께 감사하다.

6.
아들이 자신이 목회 중인 청년들과 집에서 온라인 알파를 할 수 없어 일주일에 두 번씩 우리집을 알파룸으로 사용하고 있다. 교회에서 돌아오니 아들이 "성령의 날 은혜롭게 마쳤다"고 감사해한다. 아들을 도우신 성령님께 감사를 올려드린다.

주님, 감사합니다.

주말 농장은 엄마에게 소소한 기쁨이었다.

엄마는 12월 즈음, 병원에 입원하기 전 내게 "고모 있는 가평에 가서 농사짓고 싶다"는 말을 했다. 그날따라 컨디션이 좋았던 엄마는, 설레 보였다.

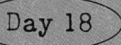

2020. 11. 15

고향집 막내 오빠와 올케

1.
오랜만에 드리는 1부 온라인예배를 통해 나의 믿음이 처음부터 끝까지 한결같기를 소망하며, 그렇게 하실 주님께 감사드린다.

2.
엄마가 살던 고향집을 지키며 살고 있는 막내오빠와 올케가 언제 가도 반가이 맞아주니 감사하다.

3.
엄마 살아계실 때부터 시골에서 자주 모였던 꼬마 조카들이 벌써 40대가 되어 각자의 삶의 자리에서 잘 살아가고 있는 모습을 보니 감사하다.

4.
올해는 김장김치 하기 힘들 것 같았는데 천사들을 통해 예비해주심에 감사하다.

5.
오고 가는 길 차안에서 교회에 진행 중인 말씀의 대행진에 함께 달려가게 하셔서 감사하다. 모두들 속도가 너무 빨라 급 부담이 되기도 하지만…

6.
김은진 사모님의 간증을 들으며 한편의 영화를 본 듯하다. 주인공, 주연, 조연, 배경, 그들의 연기, 조명, 대사 등등. 이 영화의 주제를 정한다면 무엇일까. 믿음의 씨앗을 뿌려야 할 사명을 다시 붙잡게 하시니 감사하다.

주님, 감사합니다.

엄마 고향에는 다섯째 외삼촌이 계신다.
그곳에 지금, 엄마가 계신다.

다섯째 외삼촌 가족은
지난 1년, 엄마 곁을 지켜주었다.

Day 19

2020. 11. 16

시원한 동치미

1.
오늘 목장모임에 오겠다고 대답하는 분이 한사람도 없어 너무 마음이 아파 〈예수님은 누구신가〉를 찬양하며 엎드려 기도하는데 목자들의 전화가 차례로 와서 기쁘다. 다들 코로나로 인해 학교와 유치원 가지 못하는 손자손녀들을 돌봐야 하는 상황들이다. "주님! 다음세대를 돌봐야 하는 사명자들로 부르셨다면, 어제 '다니엘 기도회'를 통해 보았던 김은진 사모님의 할머니 같은 분들이 되게 해주세요." 이렇게 목자들을 축복하며 감사를 올려드린다.

2.
세 명이 모여 예배 드렸지만 함께하지 못한 이들을 위해 삼겹줄로 중보하게 하시니 감사하다.

3.
입맛이 없는 나를 위해 시원한 동치미를 가져오신 권사님의 사랑에 감사하다.

4.
핸드폰에 이상이 있을 때마다 아주 친절하게 가르쳐주는 대리점 직원에게 감사하다.

5.
산책하다 들른 지인의 집에서 맛난 만두로 저녁을 해결하고 여유롭게 다니엘 기도회에 참석하게 하시니 감사하다.

6.
건강한 육체를 가진 어떤 청년보다 더 멋지게 영. 육. 혼을 아름답게 가꾸며 살아내고 있는 박위 형제를 축복하며, 감사를 올려드린다.

주님, 감사합니다.

시원한 동치미.

그것은 그날 엄마에게 쏟아진
복음이었을 것이다.

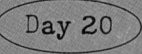

2020.11.18

톳과, 꼬시래기, 다시마

1.
오늘도 단잠자고 남편 출근 시킨 후 심방 오실 분들 위해 아침 일찍 시장 보게 하셔서서 감사하다.

2.
주신 말씀으로 힘과 용기를 주시니 감사하다.

3.
준비한 음식 맛나게 드셔주셔니 감사하다.

4.
어제 일식집에서 나왔던 톳과 꼬시래기, 다시마를 보내준 조카에게 감사하다.

5.
잠시 들려주신 권사님께 남은 음식을 나누게 하셔서서 감사하다.

6.
영적으로 너무나 지혜로운 말씀을 전해준 신애라 집사님. 그가 많은 이들에게 연예인으로서 선한 영향력을 끼치고 있음에 감사하다.

7.
교회에서 말씀대행진을 하고 있는 때라서 그런지, 신애라 집사님이 전하는 말씀이 더 깊이 다가옴에 감사드린다.

주님, 감사합니다.

톳,
꼬시래기,
다시마.

엄마는 그게 뭐 그리 좋았을까.
이제 조금은 알 것 같다.

Day 21

2020. 11. 19

친구들 만나러 간 날

1.
코로나로 만나지 못했던 친구들을 오랜만에 만나게 하셔서 감사하다.

2.
비가 오고 바람이 불어 친구들 모임에 가지 않을까 생각했다. 우리는 늘 나에게 좋은 것만 선택하려는 내 중심적인 죄성이 있음을 깨닫게 된다. 깨닫게 하심에 감사하다.

3.
전철을 두 번이나 갈아타고 모임에 가며, 매일 만원전철을 타고 출퇴근하는 사람들 그중에 우리가족들도 있음을 생각하니 고생스런 그들을 늘 격려해야겠다는 마음이 든다.

4.
아팠던 친구가 회복되고, 건강했던 친구는 아프고… 우리 육체는 후패해져 갈 수밖에 없는 존재이다. 그러나 그 존재를 사랑하시는 아버지가 내안에 계셔서 감사하다.

5.
먼 거리인데도 집 앞까지 데려다준 귀한 친구가 있어 감사하다.

6.
주님의 은혜 아니면 오늘도 살아낼 수 없었고 이 감사일기도 쓸 수 없음을 고백하며 감사드린다.

7.
7년 전 디스크 파열로 시술받고 제대로 관리 못했던 경험이 내게 있기에 김성희 권사님을 위해 세밀히 기도해 줄 수 있어 감사하다.

엄마가 고등학교 동창 친구들 만나러 간 날.

엄마 장례식에 와서
가장 서럽게 울었던 친구들.

엄마 영정 사진을 향해
"못된 년"이라며 땅을 쳤던 친구들.

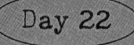

2020. 11. 20

남편의 사랑을 진하게 느낀 날

1.
쌀쌀해져가는 날씨 속에서도 나의 심령만큼은 따뜻하게 하시길 소원하며, 감사드린다.

2.
오늘은 하루 종일 신명기 말씀을 통독한다. 집중력 없는 나에게 긴 시간 집중하게 하셔서 감사하다.

3.
오랜만에 된장찌개로 준비한 밥상을 맛있게 먹어주는 남편을 보며 아내라는 존재가 스스로 귀하게 여겨짐에 감사하다.

4.
아내의 아픈 몸에 손을 대고 아직은 어색해하지만 선포기도 해주는 남편. 그 사랑만큼은 진하게 느껴져 감사하다.

5.
손자들과 통화하며 대화하는 남편의 모습에 행복이 느껴져 감사하다.

6.
기도회를 통해, 삶의 엄청난 굴곡에서도 주님의 옳으심을 인정하고 해석해가는 간증을 들었다. 깊은 은혜와 감동이 밀려온다.

주님, 감사합니다.

아내를 위해 기도한 남편.

남편의 사랑을 진하게 느꼈다니,
엄마는 행복한 여자 아닐까.

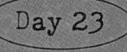

2020. 11. 21

고기 한 조각, 계란, 그리고 야채

1.
남편과 함께 잠자리에 들고 함께 일어나 아침을 맞이할 수 있음에 감사하다.

2.
삼송에 있는 한의원에 함께 오갔다. 짧은 거리지만 그 사이 덥혀놓은 등받이가 얼마나 따뜻하고 포근한지…

3.
직접운전을 못하는 아내를 위해 필요하면 언제든지 운전해주는 남편. 미안할 때도 있지만 감사하다.

4.
허리와 무릎에 통증이 늘 있지만 이만큼 걸을 수 있음도 감사하다.

5.
미각이 전혀 없어 먹지 못하는 고통 속에 있었는데 고기 한 조각도 계란도 야채도 꽤 많이 먹을 수 있어서 감사하다.

6.
때론 힘들어 쉬고 싶을 때도 있었는데 쉬지 않고 참석할 수 있도록 다니엘 기도회로 인도해주셨던 주님께 영광과 감사 올려드립니다.

주님, 감사합니다.

먹을 수 있다는 건
참으로 감사한 일이다.

그것도 맛있게 먹을 수 있다면 더더욱.

엄마를 보며 깨달은 바다.

Day 24

2020. 11. 22

우리 고모 사랑해 화이띵!!!!

1.
약에 취해 힘든 아침이었지만 주일 4부 예배를 통해 주의 능력으로 일어서고 새 힘을 얻어 감사하다.

2.
예배드림이 복이고 생명이기에 감사드린다.

3.
예배 후 맘 아픈 일을 겪으신 두 분 권사님을 위로하며 식탁을 나누었다.

4.
먼지만도 티끌만도 못한 존재인데 뭐 그리 자랑하고 나를 나타내려 했는지… 너무도 무지했던 것을 깨달아가니 감사하다.

5.
나의 몸이 좋지 않다는 소식을 들었다는 큰 조카와 하나님 이야기를 나누며, 너무도 성숙한 조카의 믿음에 감사하다.

6.
우리 고모 사랑해 화이띵!!!! 외치는 조카의 그 사랑스런 마음이 너무 대견하고 감사하다.

주님, 감사합니다.

엄마가 아플 때 제일 힘들었던 건
격려가 통하지 않는다는 것이었다.

그래도 진심이 담겼던 격려는
엄마의 시든 마음에 심겨졌으리라 믿는다.

그 격려를 소중히 가슴에 품고
하늘나라로 떠났으리라 믿는다.

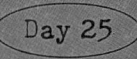

2020.11.24

지혜로운 며느리

1.
새벽 기도 때 고모를 위해 중보 한다는 조카가 말씀을 전해주었다. 조카가 내게 힘이 되어주니 감사하다.

2.
세 번째 생일을 맞이한 선율이를 위해 캠핑장에 간 아들 가족과 함께 특별한 저녁식사를 할 수 있어서 감사하다.

3.
집과 아주 가까운 곳에 코로나부터 안전한 캠핑장이 있는 것에 감사하다.

4.
세상의 가치를 따라 살지 않으려 애쓰는 지혜로운 며느리를 주셔서 감사하다.

주님, 감사합니다.

엄마는 아내에게
"미안하다"는 말을 종종 하셨다.

특히나 세상을 떠나기 한 달 전쯤,
그 말을 자주 하셨다.

아내도 나도
엄마 특유의 말투와 표정이 그립다.

Day 26

2020. 11. 26

어슴푸레 살짝 어두운 새벽길

1.
어슴푸레 살짝 어두운 새벽길, 내 손을 잡고 가시는 주님께 감사하다.

2.
오늘도 새벽제단을 쌓고 있을 기도의 사람들을 축복하며 감사드린다.

3.
집에 돌아와 보니 아침거리로 차려놓은 소박한 야채와 과일 다 먹고 출근한 남편에게 감사하다.

4.
유난히 추위가 느껴지는 요즘, 포근해 보이는 긴 롱 패딩을 구입할 수 있음에 감사하다.

5.
내일과 모레 김장을 준비하고 김장 할 수 있는 힘 주실 것을 믿고 감사드린다.

주님, 감사합니다.

어슴푸레
살짝 어두운
새벽길.

주님 손 꼭 잡고
그 길을 걸어갔을 엄마를 떠올려본다.

Day 27

2020. 11. 30

사돈댁에서 보내온 절인 배추

1.
힘든 컨디션이었지만 언니와 딸, 그리고 손자들과 합동으로 김장을 담글 수 있음에 감사하다.

2.
사돈댁에서 절인 배추를 보내주셔서 감사하다.

3.
아침 일찍 온 손자들에게 김밥 먹인다고 서툰 손끝으로 준비하는 남편모습에 감사하다.

4.
김장 끝내고 온가족이 보쌈으로 풍성한 식탁 나누니 감사하다.

5.
조카들을 보기 위해 바쁜데도 잠시 들러 놀아주고 기도해주고 가는 아들에게 감사하다.

6.
잠자리에서 언니랑 두런두런 옛날이야기 나누며 지금 이 시간이 얼마나 소중한지 고백하게 하심도 감사하다.

주님, 감사합니다.

김장하기 위해 모인 손길들.

김장할 때면 늘 오시는 우리 이모.
이모 덕에 간신히 김장을 마치고
나란히 누워 이야기 나누었던 엄마.

이모의 존재는 늘 엄마의 감사였다.

Day 28

2020. 12. 1

"우리 할머니 기분 나쁜 병에 걸렸어요"

1.
오랜만에 끓여낸 북어국을 시원하다며 한 그릇 뚝딱하는 남편과 함께함이 감사하다.

2.
무기력해진 육체에 주님께서 생기를 주실 것을 믿는다. 약할 때 더 강하게 손잡아 주시는 주님께 감사하다.

3.
남편을 천국으로 보내드림에 감사를 올려드리며 매일 매일의 외로움 속에서도 남편이 가계신 천국을 소망하는 권사님을 보았다. 그 모습이 귀하고 감사하다.

4.
심방 후 집밥 같은 점심을 함께 먹으며 입맛 없는 서로에게 반찬을 얹어주는 사랑을 나눌 수 있어 감사하다.

5.
혈압약을 먹어야 할까 의사와 상담한 결과, 아직은 괜찮다는 소견에 감사하다.

6.
며느리가 나 없을 때 비싼 딸기와 생강가루, 그리고 냉이를

놓고 갔다. 감사하다.

7.
값을 치루고 산 어떤 비싼 것보다 값없이 주셨던 오늘의 햇빛과 공기에 감사하다. 너무 감사하지 못하며 살았음을 회개하며 감사를 올려드린다.

8.
섬김쟁이 권사님의 자연산 연시로 비타민을 듬뿍 채울 수 있음에 감사하다.

9.
어떤 상황 속에서도 나를 사랑하고 계심을 나타내 보이시는 주님께 감사하다.

10.
손자 재민이가 "할머니 기분 어떠세요" 묻길래 "할머니 위해 기도하주라" 했더니 "우리할머니 기분 나쁜 병에 걸렸어요 고쳐주세요" 한다. 아멘! 잠시라도 웃게 만들어준 재민이 기도에 감사하다.

주님, 감사합니다.

조카가 말한 그 기분 나쁜 병은
엄마를 무섭게 파고들었다.

엄마는 그 기분 나쁜 병으로
예전의 생기를 잃어갔다.

생기를 되찾은 엄마를
천국에서 다시 볼 그 날을 기다린다.

Epilogue

이 책의 첫 페이지에 있는 〈프롤로그〉를 쓰고
2주 정도의 시간이 흘러
지금 이 에필로그를 쓴다.

프롤로그가 엄마를 아끼는 분들을 향한
정제된 언어로 쓰여진 것이었다면,

에필로그는 엄마를 데려간 하나님을 향한
아들의 진솔한 고백 같은 것이다.

엄마가 감사 일기를 마칠 때쯤,
엄마는 급격히 우울증에 빠져 들었다.
그리고,

200여일의 시간이 흘러
엄마는 세상을 떠났다.

엄마는 하나님을 향해 감사를 전했고
하나님은 엄마를 데려가셨다.

이 아이러니는 내게 상처를 주었고
질문을 남겼으며,
인생의 잔인함을 깨닫게 했다.

난 이 책을 통해
감사를 미화하고 싶지 않다.

입버릇처럼 고백하는 감사는,
위선이고 가식일 뿐이다.

게다가 엄마를 데려간 하나님을 향해
난 쉽게 감사할 수 없게 되었다.

난 지금 하나님께 답을 구하지 않는다.
길을 가르쳐달라고 구하지도 않는다.

내게 가장 커다란 위로는
성서에 등장하는 욥의 존재였다.

욥에게 밀려온 아픔을
인과관계로 설명할 수 없었듯,

나 역시 엄마의 죽음을
인과관계로 설명할 생각이 조금도 없다.

다만 지금의 시간을 우리 가족이
그래도 통과하고 있다는 사실이
유일한 위로이고 격려이다.

그렇다면 난 왜 굳이 이렇게
엄마의 감사를 책으로 만들었을까.

난 엄마의 감사가 진심이었다고
확신하기 때문이다.

그리고 엄마가 감사를 고백하며
보았던 그 무언가가 있다고 믿기 때문이다.

그리고 그 무언가가 분명
우리가족에게도
만들어지고 있다고 믿기 때문이다.

난 엄마의 죽음을 향해
'하나님의 계획' 같은 잔인한 언어를
갖다 대고 싶지 않다.

아직은 그럴 때가 아니지 않을까.
난 하나님 앞에서
사람 앞에서 정직하고 싶다.

욥의 시간처럼
우리 역시 우리의 시간을 통과하며
그 어떤 지점에 서 있을 것이다.

그 때 비로소,
주님께서 우릴 와락 껴안아 주시지 않을까.
위러브의 찬양 〈어둔 날 다 지나고〉의 한 대목처럼.

"우리의 걸음이 끝나는 그날
매 순간 함께 하신 이 우릴 안아주시리

더 이상 눈물 없으리 당신의 그 나라 안에서
이제 영원히 주 품 안에서 우리 찬양하겠네."

※
이 글을 읽는 분들이 오해하지 않으면 좋겠다.
프롤로그 역시 나의 진심이고
에필로그 역시 나의 진심이다.

그리고 주님, 제 맘 너무나 잘 아시죠?

엄마의 감사

엄마가 남기고 간, 사소하면서도 소중한 감사의 흔적들

초판 1쇄
2022년 6월 28일 펴냄

지은이
김영희 씀, 소재웅 엮음

북디자인
이정민 D_CLAY

인쇄
일리디자인

펴낸곳
도서출판 훈훈
경기도 고양시 덕양구 소원로 267
@hunhun_hunhun

ISBN 979-11-979166-0-1 (03230)

이 책의 판권은 지은이와 훈훈출판사에 있습니다.
허락 없이 무단복제와 이용을 금합니다.